「致知」の言葉

小さな修養論

hideaki fujio
藤尾秀昭

致知出版社

まえがき

文学博士　鈴木　秀子

「小さな」という言葉で始まるこの本は、なんと「大きな世界」へ、私たちを導いてくれることでしょうか。時空を超える大宇宙の広がりと、太古の昔から今日までの無数の人々の、計り知れない深い叡知《えいち》に、私たちの魂を導いてくれることでしょうか。

アメリカに永住している福島出身の私の友人が、こんな話をしておりました。

「東日本大震災の起こった直後、故郷が壊滅していく様子を、残酷《ざんこく》なまでに報道するテレビの前で、私は茫然自失《ぼうぜんじしつ》していました。はっと気がついた時、私は本棚の前に立っていました。目の前には、日本から毎月取り寄せている『致知』が並んでいます。突然、身体が震えるほどの力で、私の中から次々と問いが湧き上がってきました。

『私は、何をめざして生きているのか。めざすものを成し遂げていくには、毎日何をすればいいのか。故郷は根のようなものである。自分の根底を奪われた私は、これから起こってくることをどのように考え、どのように対応していったらいいのか。つまり、どう生きたらいいのか』

今まで、のほほんと生きてきた私は、突然、人生の根源の問いを突き付けられたのです。この問いは、いまも私に毎日迫っています。

この体験を聞きながら、私は「人間は深いところで繋《つな》がっているのだ」ということを感じていました。これらの問いは、私たち多くの日本人にも突き付けられているという実感を、私は持っていたからです。

まえがき

そして一つの場面を思い起こしました。昔、辺鄙《へんぴ》な村はずれの道端に一人の老人が座っていました。頭《こうべ》を垂れながら歩いてきた若者が、隣りに座りました。しばらくして若者は、生きていくことがどんなに辛いかをぽつん、ぽつんと話し出しました。黙って耳を傾けている老人は、若者の言葉が切れると、ひと言、何か言いました。それが夕方まで続きました。夕日を見つめながら立ち上がった若者の顔は輝いていました。そして老人をそこに残したまま、力強い足取りで村に帰っていきました。

村の賢者に出会って、生きる情熱と力を甦らせた若者のように、私たちはこの『小さな修養論』を通して、孔子や、無数の先祖、釈迦《しゃか》、空也《くうや》、一遍《いっぺん》和尚、芭蕉《ばしょう》、ジュリアス・シーザーをはじめ、古今東西、とくに、近代、現代の聖賢、リーダーたちに出会うことができます。著者がこれらの賢者や、『致知』の取材を通して出会った多くの達人たちから、身をもって学んだ「人生の理念や、今、手にしていることを、心を込めて楽しんでする」という生きる秘訣《ひけつ》を、格調高い文章で、伝えてくれるからです。

『小さな修養論』を、私は、次のように使ってみたいと考えています。はじめに丁寧に読み通し、続いて、毎日、朝夕、各章の一項目ずつ読みます。朝、心に刻まれたことを、日中、何回も思い起こし、実践していきます。一日の終わりに、生きるよろこびと感謝が、心に溢《あふ》れてくることもあるでしょう。

「一冊の本が、人生を変えることがある。そういう本に巡り合えた人は、幸せである」

と言われています。この言葉が、実現することを、願いながら、アメリカで、『致知』を、毎月、大切に読んでいる故郷を亡くした友人に、『小さな修養論』を贈ろうと、いま、私は考えています。

天に神あり地に心あり
人生誠を以て貫く

小さな修養論＊目次

第三章　心術の工夫

＊肩書きは原則として掲載当時のものです。

装幀——川上成夫
挿画——秋山巖
編集協力——柏木孝之

第一章

人間のめざすもの

一途一心

一途一心《いちずいっしん》とはひたすら、ひたむきということである。一つ事に命を懸けること、ともいえる。あらゆる道、あらゆる事業を完成させる上で、欠かすことのできない心的態度である。物事の成就はこのコア（核）なくしてはあり得ない。

イエローハット創業者の鍵山秀三郎氏は、ある時若い人たちから成功の秘訣を問われ、「成功のコツは二つある」と答えて白板に、

「コツコツ」――と板書されたという。

コツコツは一途一心と同義である。その根底にあるのは無心である。心に雑念、妄念《もうねん》が入っては、人間、コツコツにはなれない。

人生の先達も一致して一途一心の大事さを説いている。

倫理研究所の創始者、丸山敏雄氏の言葉。

「己の一切を学問に捧げ、事業に傾け、仕事に没頭してこそ、はじめて異常《ふしぎ》の働きができる。己の大きな向上、躍進、完成は己を空《むな》しくすることである。身を捧げることである。ここに必ず、真の幸福が添うのである」

森信三著『修身教授録』にある言葉。

「真の〝誠〟は何よりもまず己のつとめに打ち込むところから始まるといってよいでしょう。すなわち誠に至る出発点は、何よりもまず自分の仕事に打ち込むということでしょう。

総じて自己の務めに対して、自己の一切を傾け尽くしてこれに当たる。即《すなわ》ち、もうこれ以上は尽くしようがないというところを、なおもそこに不足を覚えて、さらに一段と自己を投げ出していく。これが真の誠への歩みというものでしょう」

その膨大《ぼうだい》な著作から小社が三百六十六語を選んで編んだ『安岡正篤《やすおかまさひろ》一日一言』。その中にも教えを凝縮したような次の言葉がある。

「何ものにも真剣になれず、したがって、何事にも己を忘れることができない。満足することができない。楽しむことができない。常に不平を抱き、不満を持って、何か陰口を叩《たた》いたり、やけのようなことをいって、その日その日をいかにも雑然、漫然《まんぜん》と暮らすということは、人間として一種の自殺行為です。社会にとっても非常に有害です。毒であります」

では、どういう生き方をすればよいのか。

「いかにすればいつまでも進歩向上していくことができるのか。第一に絶えず精神を仕事に打ち込んでいくということです。純一無雑《じゅんいつむざつ》の工夫をする——近代的にいうと、全力を挙げて仕事に打ち込んでいく、ということです」

「人間に一番悪いのは雑駁《ざっぱく》とか軽薄《けいはく》とかいうこと（中略）。これがひどくなると混乱に陥ります。人間で申しますと自己分裂になるのです。そこで絶えず自分というものを何かに打ち込んでいくことが大切です」

最後に、最近、宮城県の一読者から、この度の震災で会社（女川《おながわ》町）も家（石巻市）も流されたが、「毎月『致知』が届くのを楽しみにし、主人と『致知』を奪うように読み、『致知』に励まされ、とにかく前進あるのみとやっております」というお便りをいただいた。

大きな困難の渦中で『致知』を支えに一途一心に前に進んでおられる読者の方がいる。我われもまた、一途一心に精進の一道を歩みたい。

生涯修業

数年前、宇宙物理学者 桜井邦朋《さくらいくにとも》氏から聞いた話である。

太陽の中心核では水素が融合してヘリウムをつくっているが、そのプロセスで水素の質量の〇・七パーセントがエネルギー転換して放出され、それによって太陽は輝いている。

これが〇・七一パーセントでも〇・六九パーセントでも宇宙はできない。〇・七一パーセントだと星の進化のスピードがもの凄《すご》く速く、水素を使い尽くし、太陽は既にない。〇・六九パーセントだと進化のスピードが遅くなりヘリウム結合ができず、百三十七億年経ったいまも炭素はつくられていない。つまり、生命は生まれていない。

なんという微妙精巧な宇宙のバランス。一体いかなる意志が働いて、この奇蹟《きせき》が実現しているのか。まさに神秘的としか言いようのない物理的事実の上に人間の生命は存在している。

このお話をうかがった時の畏怖《いふ》に似た感動は、いまも去らない。

もう一つの奇蹟がある。私たちは一人の例外もなく父と母があることによってこの世に生を得た。その父と母にもそれぞれ両親がいる。それをさかのぼっていけば、どうなるのか。十世代で一〇二四人である。二十世代で一〇四万八五七六人。三十世代では一〇億七三七四万一八二四人。四十世代さかのぼれば、一兆九九五億一一六二万七七七六人。想像を絶する数になる。

この祖先の命が一回も途切れずに今日に生きているのがあなたの命であり私の命である。この命の連鎖がどこかで断ち切れていたら、あるいは別の人に代わっていたら、あなたも私もここに存在していない。無限無数の命に支えられて、私たちの命はいま、ここにある。目を見張る生命の神秘である。あだおろそかに生きてはならない、の思いが湧き立ってくる。

さらにもう一つ、忘れてはならない奇蹟がある。

この世に自らの意志で生まれてくる人は一人もいない、ということである。寿命もまた人の意志の範疇《はんちゅう》をはるかに超えている。しかも、自分と同じ人間は過去にもいなかったし、これからも生まれてこない、ということである。

人は誰しもこの悠久《ゆうきゅう》の宇宙の中でただ一人、一回限りの命を生きている。まさに奇蹟の命であり、人生である。

この事実に感応《かんのう》した先覚者たちは、人は皆一個の天真《てんしん》を宿してこの世に生まれてくる、と考えるようになった。天真とは、天がその人だけに与えた真実である。

その天真を発揮し、成熟させ、完成させていくことこそ、天が人間という生命体に託した課題ではないか。またそのことによって、人は他を照らす人生を生きることができる。それは一生を懸けて果たしていく道である。

その思いから先覚者たちは生涯、成長し続けることを自己の命題とした。生涯修業を自己の使命として生きた。

鎌倉彫の名人の言葉がある。

「命には終りあり。芸には果てあるべからず」

「志業《しぎょう》はその行詰りをみせずして一生を終るを真実の心得となす」

『致知』に馴染《なじ》みの深い平澤興《ひらさわこう》先生もこう言っている。

「七十五、六歳から八十五、六歳までが人間が一番伸びる時です」

「八十になっても九十になっても、人間の成長はこれからです」

「生きる限り成長することです。それはあらゆるものに手を合わせて拝んでゆくことです」

孔子の示した道

安岡正篤師が亡くなられる二か月前である。見舞いに行った伊與《いよ》田覺《たさとる》氏に安岡師はこう言われた。

「道縁《どうえん》は不思議だね」

そして、またお訪ねした伊與田氏に、

「道縁は無窮《むきゅう》だね」

とひと言を残され、安岡師は翌日旅立たれた、という。

安岡師がどういう思いでこの言葉を発せられたかは知る由《よし》もない。しかし、道縁は不思議であり無窮であるとは、不肖《ふしょう》の身にも痛切に思うことである。

孔子が生まれたのは紀元前五五一年（五五二年説もある）。いまも存命なら二千五百六十四歳である（ちなみに、釈迦《しゃか》の生年は一説によると紀元前四六三年。存命なら二千四百七十六歳になる）。

二千五百年以上も前に生まれた人の教えを、その死後に弟子たちが集まり編纂《へんさん》した。『論語』である。

この一書が幾世紀を通じて多くの心をとらえ、今日に至っている。

その教えを学ばんとする人たちがいつの時代にもいた、ということである。まさに、道縁は不思議であり無窮、の感を禁じ得ない。

孔子は中国の山東省曲阜《きょくふ》郊外、昌平郷陬邑《しょうへいきょうすうゆう》に生まれた。父は叔梁紇《しゅくりょうこつ》。体格よく、大変な力持ち。村長のような役目をしていた。父には最初の夫人との間に女の子が九人いた。

だが当時、家の継承は男系が習わし。そのために第二夫人を迎えた。男子が生まれたが先天的障害があり、十六歳の顔徴在《がんちょうざい》を第三夫人にし、孔子が生まれた。

孔子三歳の時に父が亡くなる。第三夫人の母は陬邑を去り、魯《ろ》の都曲阜に移って母子二人で暮らす。生活は苦しかった。少年孔子は魯の三大勢家の一つ李氏の所領で倉庫係や家畜係を務めた。

「われ少にして賤《いや》し。故に鄙事《ひじ》に多能なり」

自分は若い頃卑しい身分だったから、日常の些事《さじ》に多能である、の言葉が『論語』にある。

そういう生活の中で、十五歳の孔子の心に湧き上がってくる思いがあった。聖賢の学に学んで自らの身を修め、人を導き、国を治め、平和な世の中を創ろうという思いである。

その思いを持続して、三十にして一門を成し、四十にしてその思いをさらに強め、五十にしてそれを天命と自覚し、自らの人格の完成、成熟を目指して一生を終えた。
「学びて厭《いと》わず、人を誨《おし》えて倦《う》まず」を貫いた一生だった。

孔子は二つの規範を大事にして一生を歩んだのではないか。
『論語』を紐解《ひもと》くと、そんな思いがする。

一つは忠恕《ちゅうじょ》である。有名な里仁《りじん》篇の一節にこうある。
孔子が「曾子《そうし》よ、私は一以《もっ》てこれを貫いてきたよ」という。
曾子が「はい」と答える。
他の弟子が「どういう意味ですか」と聞く。
曾子は「先生の道は忠恕のみ」と答えた。

忠とは中する心。一体になる心である。何事にも誠実に全力を尽くす、全身全霊で事に当たることである。その心を人に向けた時に恕、思いやりになる。忠も恕も一つである。

もう一つの規範は、「天を怨《うら》まず、人を尤《とが》めず、下学《かがく》して上達す」。孔子の人生にはいやなことも辛いことも理不尽なこともたくさんあった。しかし、何があっても天を怨まず人を尤めず、日常の下世話《げせわ》な苦労に学んで自分の徳を磨いていった、ということである。

孔子はその生涯をこの二つの規範をもって貫いた。この規範は今日を生きる私たちにも大事な人間学の要諦《ようてい》である、と思うのである。

常に前進

約百五十億年前、ビッグバンによって誕生した宇宙は絶えざる創造進化を繰り返し、今日の姿になった。だが、宇宙は現状で静止しているのではない。いまも膨張《ぼうちょう》し続けている、と宇宙科学者たちはいう。宇宙はなおも前進し続けている、ということである。

宇宙は己の存在を知らしめるために人間を創った、という説もある。宇宙に抱かれて生み出された人間もまた、それ自体が一個の小宇宙である。ならば、人間もまた常に前進し続ける使命を宇宙より課されているように思われる。

『論語』泰伯《たいはく》第八に次の一節がある。

「士《し》は以《もっ》て弘毅《こうき》ならざるべからず。任《にん》重くして道遠し。仁《じん》以て己《おの》が任と為《な》す。また重からずや。死して後《のち》已《や》む。また遠からずや」

士は度量が広く意志が強固でなければならない。それは任務が重く、道が遠いからである。仁を実践していくことを自分の任務とする。なんと重いではないか。全力を尽くして死ぬまで事に当たる。なんと遠いではないか。

曾子《そうし》の言葉である。曾子は孔子の姿を思ってこの言葉を発したのではないか。事実、孔子はまさにこのように、その生涯を生きた。釈迦《しゃか》もまた、八十歳で病に伏《ふ》すまで、熱砂《ねっさ》の中を前進し続けた。

孔子、釈迦だけではない。二人の聖人に倣《なら》うように、多くの先達が命ある限り前進し続けた生涯を、我われに残してくれている。真珠王《しんじゅおう》といわれた御木本幸吉《みきもとこうきち》もその一人である。九十五歳の時に、こんな言葉を残している。

「わしは百まで生きる。あと五年だ。これからの五年は二十歳から始めて過去七十五年間学んだ業績と同じ分量の仕事がやれる」

昭和四十九年から六年間、経団連会長を務めた土光敏夫《どこうとしお》さん。この人がいなければ行政改革は実現しなかったろう、といわれる。その土光さんは『大学』のこの一節を愛し、好んで揮毫《きごう》した。

「苟《まこと》に日に新たに　日々に新たに　又《また》日に新たなり」

土光さんのこの書を見たことがある。「一日一生」の思いで日々を生きた人の気迫が迸《ほとばし》るような書であった。

『致知』に長らくご連載いただいた坂村真民《さかむらしんみん》さん。亡くなられて五年が経つ。今年三月にお住まいだった愛媛県砥部町《とべちょう》に記念館が完成する。その真民さんに、文字通《どお》り、「つねに前進」と題する詩がある。

すべて　とどまると　くさる
このおそろしさを　知ろう
つねに前進　つねに一歩
空也《くうや》は左足を出し　一遍《いっぺん》は右足を出している

あの姿を　拝してゆこう

こんな詩もある。

人間いつかは終わりがくる
前進しながら終わるのだ

まだ前進できる、まだ前進しなければならぬ――真民さんの詩と人生は、そのことを私たちに教えている。

苟に日に
新たに
日々に
新たに
又日に
新たなり
秋山巖

第二章

長の条件

活力を創る

「人を看《み》るにはただ後の半截《はんさい》を看よ」という言葉がある。人生の後半をどう生きるか。それによってその人物が分かるということだろう。

その人生の後半を危機に瀕《ひん》した企業を再建すべく全力を尽くした人がいた。村井勉《むらいつとむ》さんである。

村井さんが住友銀行常務から東洋工業（現マツダ）副社長に転じ

たのは昭和五十一年、五十七歳の時だった。初めて出社した村井さんを迎えたのは、約一万人の労組員が叫ぶ「銀行屋が何しにきた」「帰れ！」のシュプレヒコールだったという。

村井さんは現場主義である。現場を回って虚心に従業員と話し合い、人心掌握《しょうあく》に努めた。製造部門の五千人をセールスに回すという改革も断行した。その中から醸成《じょうせい》された社員のやる気が、ファミリアというヒットの誕生に結びついた。東洋工業が甦《よみがえ》ったのは四年後のことである。

その二年後の昭和五十七年、今度はアサヒビール社長に就任する。当時のアサヒビールは三十六パーセントあったシェアを十パーセント近くまで落とし、どん底にあった。開発は営業の努力不足を非難し、営業は開発の商品開発力のなさを互いに責めなじり合う空気が蔓延《まんえん》していた。

ここでも村井さんは現場主義を貫く。約八百店ある特約店を残らず訪問した。社内では開発と営業の垣根《かきね》を取り払って開発プロジェクトを結成。またミドルクラスの社員を対象に読書会を開いた。

そこで村井さんが説き続けたのは、「企業は常勝集団たれ」「情熱を持ち続けよ」「努力は必ず誰かが見ている」の三点だった。

感奮《かんぷん》した社員の活力が空前のヒットとなるアサヒスーパードライを生み出す。

だが、開発済みのこの商品を村井さんは、後を継いだ同じ住友銀行出身の樋口廣太郎《ひぐちひろたろう》さんの登場に合わせて発売、新社長誕生と共に上昇の軌道に乗せる路線を敷いたのである。

その二か月後の昭和六十二年、村井さんは民営化したばかりのJR西日本会長に就く。

ここでも現場主義だった。駅々を巡り、汚れたトイレや接客業とは思えない駅員の態度など旧弊《きゅうへい》に染まった状態に接し、村井さんは「私たち全員が新入社員である。過去を断ち切って新しい社風をつくろう」と全社に呼びかけ、企業理念の策定に全力を傾ける。

「運輸業ではなく総合サービス業」「お客様と感動を共有する企

業」への脱皮である。

ここでもミドルクラスを対象に読書会を開き、それを軸に企業理念の浸透を図る。数字に表れる業績の向上に社内は活力に溢《あふ》れていった。

企業再建を果たした名経営者は多い。しかし三社ともなると、稀《け》有《う》と言う外はない。村井さんは活力づくりの名手というべきだろう。

①起業家精神を持たせる。
②情報に対する鋭い感性を涵養《かんよう》する。
③自分は企業躍進の原動力という自覚を持たせる。

この三点を核にして三十五歳を中心としたミドルクラスをチェンジリーダーへ変えていくのが活性化のポイントだった、と村井さんは言う。

同時に、自らに向かって問い続けたともいう。

「いまという環境をあなたは一所懸命に生きているか」

「あなたはどれだけの情熱を持って生きているか」――と。

このシンプルな言葉にこそ、活力創造の源泉があることを私たちは胆《きも》に銘じなければならない。

順逆をこえる

一月二十八日、『致知』新春特別講演会が開催された。今年で四回目になる。講師は第一講が渡部昇一先生。第二講が日野原重明先生。殿《しんがり》は不肖《ふしょう》が務めさせていただいたが、ともにそれぞれの人生を極めてこられたお二人のお話は千三百名を超す人たちを魅了し、会場は大きな感動に包まれた。

特に、当年百歳になられる日野原先生の、広い会場を一瞬にして呑《の》み込んだようなバイタリティは圧巻だった。広い舞台を所狭しとばかりに話されるお姿には、百歳まで元気で生きる大事業に取り組まれるひたむきさが溢れていた。

人生は順逆の連続という。順逆をこえるとは、順境にも逆境にも負けない自分を創るということである。

日野原先生の百年の人生にも、順境逆境は繰り返されたろう。それをこえ、いまなお使命に生きておられるお姿には神々《こうごう》しさがある。

一九七〇年、日航機よど号ハイジャック事件があった。日野原先生はその機中にいた。五十八歳だった。

事件四日目、乗客は全員無事、韓国・金浦《きんぽ》空港で解放された。靴底で大地を踏みしめると、「無事地上に生還した」の思いが膨《ふく》らみ、これからの人生は与えられたもの、人のために生きよう、という決意に繋《つな》がっていったという。


帰国した日野原先生を、千人を超す人たちからのお見舞いやお花が待っていた。その礼状に奥さまが書き添えられた。

「いつの日か、いづこの場所かで、どなたかにこの受けました大きなお恵みの一部でもお返し出来ればと願っております」

この言葉が日野原先生第二の人生の指針となった。

昨年末、ＮＨＫテレビで日野原先生のドキュメンタリー番組が放映された。インフルエンザで三十八、九度の熱がありながら、子供たちとの約束だから、と地方講演に向かわれる姿をテレビは映し出していた。その先生が作られた俳句がある。

百歳はゴールではなく関所だよ

人生の順逆にほほえみを持って立ち向かわんとする姿が、この句に表れている。

「順境にいても安んじ、逆境にいても安んじ、常に坦蕩々《たんとうとう》として苦しめるところなし。これを真楽《しんらく》というなり。萬《よろず》の苦を離れて、真楽を得るを学問のめあてとす」

中江藤樹《なかえとうじゅ》の言葉である。

順境の時、人はつい慢心《まんしん》しがちになる。順境にあって傲慢《ごうまん》にならず、謙虚に心を落ち着かせている。逆境の時もへこたれず、心が安定している。どんな状況でも心が平らかでゆったりとし、状況に振り回されない。それを真の楽しみという。この真の楽しみを得るために、そういう人物になるために学ぶのだ、と藤樹は学問の要訣《ようけつ》を説いている。

人生を大成させる人は一様に、この要訣を体得した人であろう。『致知』に学ぶ私たちもまた、こういう学を修めたいものである。

最後に、幼少期から晩年まで、その人生は逆境の連続だったと思われる森信三先生の残された言葉。

「思いあがらず、下坐《げざ》に徹して生きる時、天が君を助けてくれる」

順逆をこえる要訣を見事に結晶した一語である。

その位に素して行う

《君子は其《そ》の位《くらい》に素《そ》して行い、其の外《ほか》を願わず》――孔子の孫、子思《しし》が著した『中庸《ちゅうよう》』にある言葉である。

立派な人物は自己に与えられた環境の中で、運命を呪《のろ》ったり不平不満を言ったりせず、精いっぱいの努力をし、それ以外のことは考えない、ということである。

さらに本文はこう続く。

《富貴《ふうき》に素しては富貴に行い、
貧賤《ひんせん》に素しては貧賤に行い、
夷狄《いてき》に素しては夷狄に行い、
患難《かんなん》に素しては患難に行う。
君子入《い》るとして自得せざる無し》

裕福で地位が高い時も、貧しくて地位が低い時も、辺鄙《へんぴ》な地にいる時も、苦難の真《ま》っ只中《ただなか》にある時も、驕《おご》らずへこたれず、その立場にある者として最高最善の努力をする。君子はどんな環境にいても悠々自適《ゆうゆうじてき》である、と『中庸』は教える。

『致知』の取材を通して出会った多くの達人たちを思うと、皆この言葉を体現してきた人たちであることに気づく。

中でも鮮烈《せんれつ》に記憶している人がいる。昭和三十年代、この人が登板すれば必ず勝つという伝説を残し、「神様、仏様、稲尾様」と謳《うた》われた西鉄ライオンズの投手、稲尾和久さんである。

昭和十二年生まれ。高校三年の時に西鉄ライオンズにスカウトされる。当時、高卒の初任給は六千円が相場の時代に、月給三万五千円、契約金五十万円。契約に来たスカウトマンが卓袱台《ちゃぶだい》に五十万円を積み上げた時、お母さんはその現金を見て気絶した、という。

卒業前からキャンプ入りした。卒業式が間近になり先生から連絡が入った。

「お前のために特別の卒業式をしてやるから帰ってこい」

監督にその旨《むね》を伝えると、「お前、帰りたいか」と問われた。

「はい、帰りたいです」

「そうか、帰りたいだろうな。しかし、お前は過去の思い出に生きるのか、未来に生きるのか。どっちだ。自分で決めろ」

この言葉に十八歳の少年は帰るのをやめ、キャンプに残った。

球団には同期の新人が二人いた。日が経つにつれ、その二人と自分の扱いが違うことに気づく。一人はコーチがついてブルペンでピッチングの練習。もう一人もバッティングの練習をしている。しかし、自分は打撃投手ばかりで、手動練習機と呼ばれた。

ある日、稲尾さんは二人を食事に誘った。その話の中で分かったのは、二人はそれぞれ、月給が十万円と十五万円、契約金が五百万円と八百万円、ということだった。稲尾さんは自分の立場を知った。

普通ならここで心が折れたり投げやりになったりしがちである。だが、伸びる人はあらゆる条件を生かして伸びていく。

稲尾さんは黙々と打撃投手を務め続け、あることに気づく。打者はストライクばかりではバットを振り続けなければならず、嫌がる。四球に一球ぐらいボールが交《ま》じると、ゆとりができて喜ぶ。

稲尾さんは四球に一球ボールを投げることにした。四百八十球投げるなら百二十球は自分の練習のためだけに使える。高め、低め、アウトコース、インコース、ボールにする一球に精魂を込めた。

こうして稲尾さんは無類のコントロールを身につけていったのだ。まさにその位に素して自己を鍛え、偉大な投手への人生を切りひらいたのである。

先人の足跡に学び、私たちも其位素行《そいそこう》の人生を歩みたい。

復興への道

東日本大震災から一年。

いまなお三十四万三千九百三十五人が全国に散り、うち十一万六千七百八十七人が仮設住宅暮らし、という避難生活を送っている。死者は一万五千八百五十四人。いまも行方の分からない人が三千百五十五人。復興庁の統計である。被災地の復興も遅々《ちち》の状態にあるようだ。

復興にもっとも大切なもの、それはビジョンである。まずなすべきは、総理大臣直轄《ちょっかつ》の機関を設置し、これをフルに機能させて衆知衆力を集め、復興へのビジョンを打ち立てること。そのビジョン実現の青写真を示し、期限付きで推進していくことである。それは東北にとどまらず、日本全国の人々の心に希望の光を灯《とも》すものとなろう。人々の心に芽生えた希望こそ、復興への最大の原動力である。

偉大とは方向を示すことだ、とはニーチェの言葉である。国家の長たる者、国家の緊急事態には、まず進むべき方向を示すことに全身全霊を傾けるべきである。果たしてそれができているだろうか。

もう一つ、危惧《きぐ》することがある。震災直後まったく影をひそめていた禍々《まがまが》しい事件が、またぞろマスコミを賑《にぎ》わし始めたことである。占領政策とそれに連なる日教組の教育が戦後の我が国にもたらした弊害《へいがい》は限りない。そのダメージが禍々しい事件となって噴出《ふんしゅつ》しているのだ。

この後遺症をいかに克服し、人心を復興させるか。日本を日本たらしめている価値を、あとから来る者に教えていく以外にない。それを根気よく続けていく以外にない。

七〇二年、遣唐使として海を渡った山上憶良《やまのうえのおくら》の長歌がある。

神代《かみよ》より　言ひ傳《つ》て來《く》らく　そらみつ　倭《やまと》の國《くに》は　皇神《すめがみ》の嚴《いつく》しき國　言靈《ことだま》の幸《さき》はふ國と　語り繼《つ》ぎ　言ひ繼がひけり

神代から言い伝えてこられたことだが、日本の国は高度な文明国である唐に比べても優れた点が二つある。

中国は古代から何度も王朝が入れ替わっているが、日本は万世一系を守っている。また素晴らしい大和言葉が満ち溢れている。これは誇るべきことだ。憶良は自分が感じたことをこう歌に託した。

誇ってよいものはもう一つ、四季に恵まれた日本の国土だろう。

倭は　國のまほろば
たたなづく　青垣《あをかき》
山隠《やまごも》れる　倭し美《うるは》し

『古事記』にある倭建命《やまとたけるのみこと》の望郷の歌である。「まほろば」は素晴らしく秀《ひい》でたところ、「たたなづく」は幾重《いくえ》にも重なっている、の意。山々が青垣のように重なっている、その山に囲まれた大和は本当に美しい、と倭建命はいう。日本人共通の思いであろう。

このような日本を日本たらしめているものの恩沢によって、日本人は独特の精神的価値観を醸成した。それは明治期に活躍した事業家たちの信条に端的に現れている。例を挙げよう。

森村財閥（現在のＴＯＴＯ、日本ガイシ、日本特殊陶業、ノリタケの母胎《ぼたい》）を創設した森村市左衛門《もりむらいちざえもん》の人生信条。

「天に神あり　地に心あり　人生誠を以《もっ》て貫く」

一代で安田財閥を成した安田善次郎の生涯の銘《めい》。

「勤倹《きんけん》、克己《こっき》。一《いっ》にもってこれを貫く」

我が国が二千年以上の歴史を営々と受け継ぎ、今日の発展繁栄に到達し得たのは、この国民の美質による。この美質を後世に渡していくことこそ、現代に生きる我われの使命である。

人心の復興なくして真の復興なし、である。

天を怨まず
人を尤めず
下学して
上達す

将の資格

昨年十一月（平成二十三年）、ブータンのワンチュク国王が結婚したばかりの王妃とともに来日、被災地相馬《そうま》市の小学校を訪れ、子供たちを激励した。その折《おり》の言葉がいまも胸に響いている。

国王は、ブータンの国旗には竜が描かれているが、自分は竜を見たことがあると切り出した。驚く子供たちに、国王は続けた。

「竜は私たち一人ひとりの中にいる。竜は自分の経験を食べて大きくなる。年を重ねれば強くなる。自分の竜を大事にしなければね」

短い言葉。だが、子供たちの心に残したものは大きかったに違いない。

国王はその前日に国会でも演説した。のちに内容を知り、感嘆《かんたん》した。その内容の深さに、である。

「ブータン国民は日本に強い愛着を持っており、震災後の日本のために祈り続けています」

「日本はアジアに自信と自覚と進むべき目標を示し、多くの国々に希望を与えてきました」

「三月の自然災害への対応では、日本及び日本国民は素晴らしい資質を示されました。他国であれば国家を打ち砕き、無秩序、大混乱、そして悲嘆《ひたん》をもたらしたであろう事態に、日本国民の皆様は最悪の状況下でも、静かな尊厳、自信、規律、心の強さを持って対応されました。

文化、伝統的価値にしっかり根ざしたこのような卓越《たくえつ》した資質の組み合わせは、現代の世界では他に見出せないものです。すべての国々がこれを熱望しますが、これは日本人特有の不可分の資質です。これらは数年あるいは数十年で失われるものではありません。そのような力を備えた日本から、世界は大きな恩恵を受けるでしょう」

当年三十二歳。将の将たる人の見識と品格が溢れている。ブータン王国は「国民総幸福量」（GNH）を重視する国だという。国のあるべき姿を高く掲げ、揺るがない。そこにも将の将たる見事な資質が現れている。

将たる人に欠かせない三つの条件、資格がある、と思う。

第一は修身。常に我が身を修めんとする姿勢の根本にない者に将の資格はない。

第二は自分のいる場を高めること。自分の場を高めるには、まず、あるべき姿、ビジョンを掲げること。そのビジョンに全員の心を奮い立たせること。

呂新吾《りょしんご》に素晴らしい言葉がある。

「聖人の天下を治むるや、人心を鼓舞《こぶ》し士気を振作《しんさく》し、務めて天下の人をして含露《がんろ》の朝葉《あさば》が如《ごと》からしめ、久旱《きゅうかん》の午苗《ごびょう》の如きを欲せず」

(聖人が天下を治めるのをみると、人心を励まして勇ませ士気を奮い起こし、天下の人びとを露を含む朝の葉のように生き生きとさせ、長い旱《かん》

魃《ばつ》続きの午後の苗のようにぐったりさせることはない）

第三は「君子、時中《じちゅう》す」。時中とは時に適《かな》うこと。人生は変化の連続である。変化に対応して適切な処置を講じていける人物でなければ、将の資格はない。そのためには人を容《い》れ、任用する人物でなければならない。

最後に、敢《あ》えて二つを挙げる。
危機感と人間的迫力である。
どんな組織も放っておいたら潰《つぶ》れる。国も会社も、である。組織の長たる者は常に危機感を忘れてはならない。

その危機を救うため、さらには理想実現のために、一歩も退かぬ人間的迫力。これのない者に将の資格はない。

第三章

心術の工夫

知命と立命

人は誰でもそれぞれに、天から与えられた素質能力がある。これを「命《めい》」という。自分はどういう命を与えられているのか。それを知ることが「知命《ちめい》」である。知って、それを完全に発揮していくことが「立命《りつめい》」である――安岡正篤師の言葉である。

人生の目的を語って、極めて明快である。人は何のために生きるのか。命を知り、命を立てるためだ、という教えである。

そこで思い浮かぶ人がいる。松下幸之助氏である。

昭和七年三月、松下氏は取引先の人に誘われて天理教本部を訪問、そこで働く人びとの姿に衝撃を受けた。奉仕でありながら、生き生きとした喜びに溢れていたのだ。月給をもらって仕事をする人の姿とはかけ離れている。

この違いは何か。考え続けた松下氏に、一つの思いが生まれた。それは使命感である。宗教は人を救い、安心を与え、人生に幸福をもたらす聖なる事業である。その事業に奉仕しているという使命感が、喜びに満ちた姿となって現れているのだ。

会社の事業もまた、人間生活の維持向上に欠かせない聖なるものである。生産に次ぐ生産によってこの世に物資を豊富に生み出し、貧乏をなくす。そこにこそ我われの使命がある。

松下氏の思いは強い確信になっていった。

五月五日、松下氏は当時の全店員百六十八名を大阪の中央電気倶《く》楽《ら》部《ぶ》に集め、松下電器が将来に果たすべき使命について訴えた。

「産業人の使命は貧乏の克服である。そのためには物資の生産に次ぐ生産をもって富を増大させなければならない。水道水は加工されていて価《あたい》のあるものだが、通行人がこれを飲んでも咎《とが》められることはない。それは量が多く、価格があまりにも安いからである。

産業人の、そして松下電器の真の使命は、物資を水道水の如く安価無尽蔵に供給し、この世に楽土を建設することである」

この発表に全員が感激、次々と壇上《だんじょう》に上がり決意を表明した。

松下氏はこの日を松下電器の真の創業記念日とし、この年を「創業命知《めいち》第一年」と呼んだ。本来は「知命」とすべきところを、日本語読みそのままに「命知」としたのはいかにも松下氏らしい。以後の松下電器の発展についてはは詳述するまでもあるまい。

命を知る力の大いさを思わずにはいられない。

しかし、命を知っただけでは道半ばである。真の大事はその命を発揮していくこと、立命である。いかにして命を立てていくか。古今の先哲が多くの教訓を残している。

ここでは明代《みんだい》の儒者、崔後渠《さいこうきょ》の言葉「六然《りくぜん》」を紹介する。

自處超然《じしょちょうぜん》（自ら処《しょ》すること超然）

――自分自身に関してはいっこう物に囚《とら》われない。

處人藹然《しょじんあいぜん》（人に処すること藹然）

――人に接して相手を楽しませ、心地よくさせる。

有事斬然《ゆうじざんぜん》（有事には斬然）
——事があるときはぐずぐずしないで活発にやる。
無事 澄 然《ぶじちょうぜん》（無事には澄然）
——事なきときは水のように澄んだ気でいる。
得意澹然《とくいたんぜん》（得意には淡然《たんぜん》）
——得意なときこそ淡々《たんたん》としている。
失意泰然《しっいたいぜん》（失意には泰然）
——失意のときは泰然自若《じじゃく》としている。

心術の工夫、学問修養のないところに立命はない。

本質を見抜く

ジュリアス・シーザーには若かりし頃、二つのはっきりとした特質があった、という。

一つは、いつも機嫌がよかったこと。もう一つは、事を為すにいつも覚悟が決まっていたこと。リーダーに大事な資質であろう。

そのシーザーにこういう言葉がある。

「多くの人は見たいと欲するものしか見ない」

同じようなことをゲーテも言っている。

「人間は自分の聞きたい言葉しか聞かない」

天才二人の言葉は常人が嵌《はま》りがちな陥穽《かんせい》を見事に射抜いている。

物事の本質を見抜かずして、あらゆる事業は成り立たない。あらゆる道は全《まっと》うできない。多くの先達が本質を見抜くことの大事さを説くのは、それ故《ゆえ》である。

「観《かん》の目は強く見《けん》の目は弱く」と言ったのは宮本武蔵《みやもとむさし》である。現象に惑わされることなく、全体を観る目を養え、ということである。彼はこの訓練によって六十数回の戦いに必勝した。

幕末の儒者、佐藤一斎《さとういっさい》は言う。

「一物《いちぶつ》の是非《ぜひ》を見て、而《しこうし》て大体の是非を問わず。一時の利害に拘《かかわ》りて、而て久遠《くおん》の利害を察せず。為政比《か》くの如くなれば、国は危《あやう》し」

一つの物事について是か非かを見るだけで全体的な視点からはどうなのかを考えない。またその時だけの利害にこだわってそれが後世にどんな影響を及ぼすかに思いを馳《は》せない。国政の要職にある者がこのようだと国は危ない、というのである。

西郷隆盛《さいごうたかもり》の遺訓には次の言葉がある。

「正道を踏み、国を以《もっ》て斃《たお》るるの精神なくば、外国交際は全《まった》かる可《べ》からず。彼の強大に畏縮《いしゅく》し、円滑《えんかつ》を主として、曲げて彼の意に従順する時は軽侮《けいぶ》を招き、好親却《こうしんかえ》って破れ、終《つい》に彼の制を受るに至らん」

正道から外れ、仲良くすることばかりを考えていると侮《あなど》られ、制圧されてしまう、ということである。
幕末を生きた先哲二人の言葉は時代を超え、現代の日本を見通したかのように鋭い。

いま、我が国固有の領土である北方領土、尖閣《せんかく》諸島、竹島などに対し、露中韓三国が係争を仕掛けてきている。核を保有し日本全域を弾道ミサイルの射程圏に収める北朝鮮にも、拉致《らち》被害者奪還で半歩の前進もない。ただ手を拱《こまね》いているのが我が国の現状である。

外患だけではない。内憂《ないゆう》も深刻である。
平成十五年、読売新聞が中学生以上の未成年者五千人に行ったアンケートに、その実態は如実《にょじつ》である。

日本が外国から侵略されたらどうするか――。

「安全な場所へ逃げる」四十四パーセント、

「降参する」十二パーセント、

「武器を持って抵抗する」十三パーセント。

国家としての最大事を蔑《ないがし》ろにして今日に漂流してきた弊害が、いま、日本の至る所に現れているのだ。

我われは本質を見抜く目を養わなければならない。それは国を国たらしめているものをしっかり把握して国を甦《よみがえ》らせる道であり、一人ひとりがこの生を真摯《しんし》に生きる道でもある。

では、どう養うか。その心得を安岡正篤師が説いている。

一、目先に捉《とら》われず、長い目で見る。
二、物事の一面だけを見ないで、できるだけ多面的全体的に見る。
三、枝葉末節《しようまっせつ》にこだわることなく、根本を見る。

我われは難しい問題にぶつかる度にこの心得を忘れてはならぬ、と師は言う。拳々服膺《けんけんふくよう》したい。

思いあがらず
下坐に徹して
生きる時
天が君を助けて
くれる

秋山巌

心を高める 運命を伸ばす

『致知』は平成二十四年十月号をもって創刊三十四周年になる。随分と多くの方にお会いさせていただいた。長い歳月の実感である。

それぞれの世界でそれぞれの一道を切り拓いてこられた方々の話は多岐《たき》にわたり、実に魅力に富んでいたが、その人たちが共通して言われることがあった。伸びる人の条件である。

「どういう人が伸びますか」という質問に、職業のジャンルを越え、

その道の頂点を極めた人たちが一様に答えたのは、

「素直な人が伸びる」

という シンプルな言葉だった。即ち、素直な人でなければ運命を伸ばすことはできないということである。

『生き方の流儀』（弊社刊）という本がある。上智大学名誉教授の渡部昇一氏と日本将棋連盟会長の米長邦雄《よねながくにお》氏（故人）が、それぞれの道を通じて得た人生の極意を存分に語り合った好著である。

その出版記念会の席でお二人が語られた運についての言葉が鮮烈

に残っている。

渡部氏は運命を高めるための心得として、幸田露伴《こうだろはん》の説いた「惜福《せきふく》」を挙げた。

自分に舞い込んできた福を使い切ってしまわず一部をとっておく。そういう心掛けの人に幸運の女神は微笑《ほほえ》む、ということである。

露伴はこの「惜福」とともに、「分福《ぶんぷく》」(自分の福を分け与える)、「植福《しょくふく》」(福を新たに植える)を運命発展の三要諦《ようてい》と説いている。

厳しい勝負の世界を戦い抜いてこられた米長氏は、運命を伸ばす核に心のあり方を置いているのが印象的だった。氏は言われた。

「ねたむ、そねむ、ひがむ、うらむ、にくむ。そういう気持ちを持っている人に運はついてこない」

それぞれの道を極めた人の言葉は、心を高め、運命を伸ばす妙諦《みょうてい》を簡潔に衝《つ》いて示唆《しさ》に富む。

セイコーの創業者、服部金太郎の若い頃の逸話がある。金太郎が奉公していた商店が破産しかかった。すると、金太郎は自分の預金を全部、主人の前に差し出して言ったという。

「これはお店からいただいた給金の残りですから、自分で勝手に使ってはいけないと思い、貯めていたものです。それがお店のお役に立てていただけるなら、この上の喜びはありません」

この心のありようには気高《けだか》いものさえ覚える。この気高さが金太郎の人生を大きく発展させた礎《いしずえ》になったことは確かである。

本号にご登場の稲盛和夫氏が一貫して説いてこられたのも、「心を高めない限り、経営は伸びない」ということである。

その哲学は「才能を私物化してはならない」という一語に顕著である。才能は天から与えられたものだから公のために使うべきで、私のために使ってはならないというのである。稲盛哲学の真骨頂《しんこっちょう》である。心をその高みに置くことで、氏は今日の偉業を果たしたのだ。

それ境《きょう》は心に随《したが》って変ず
心の垢《けが》るるときは即ち境濁《にご》る（『性霊集《しょうりょうしゅう》』巻第二）

弘法大師の言葉である。環境・運命は心に随って変わる。心が垢れれば、環境・運命も濁る、というのである。

心のありようがいかに大きな人生の差異となるか。そのことを肝に銘じ、自らの心を高め、運命を伸ばしたいものである。

一念、道を拓く

天野清三郎《あまのせいざぶろう》は十五歳で松下村塾《しょうかそんじゅく》に入塾した。四つ年上の先輩に高杉晋作《たかすぎしんさく》がいた。清三郎は晋作とよく行動を共にした。だが、清三郎は劣等感を覚えるようになる。晋作の機略縦横《きりゃくじゅうおう》、あらゆる事態に的確に対処していく姿に、とても真似《まね》ができないと思い始めたのである。

では、自分は何をもって世に立っていけばいいのか。

清三郎の胸に刻まれているものがあった。

「黒船を打ち負かすような軍艦を造らなければ日本は守れない」

という松陰《しょういん》の言葉である。

「そうだ、自分は手先が器用だ。船造りになって日本を守ろう」

真の決意は行動を生む。二十四歳で脱藩しイギリスに密航、グラスゴー造船所で働くのである。そのうち、船造りの輪郭《りんかく》が呑み込めてくると、数学や物理学の知識が不可欠であることが分かってくる。

彼は働きながら夜間学校に通い、三年間で卒業する。当時の彼の語学力を思えば、その努力の凄《すさ》まじさは想像を超えるものがある。

しかし、三年の学びではまだおぼつかない。さらに三年の延長を願い出るが、受け入れられない。

そこで今度はアメリカに渡り、やはり造船所で働きながら夜間学校で学ぶのだ。ここも三年で卒業する。彼が帰国したのは明治七（一八七四）年。三十一歳だった。

清三郎は長崎造船所の初代所長になり、日本の造船業の礎《いしずえ》となった。一念、まさに道を拓いた典型の人である。

その少女の足に突然の激痛が走ったのは三歳の冬である。病院での診断は突発性脱疽《だっそ》。肉が焼け骨が腐《くさ》る難病で、切断しないと命が危ないという。診断通りだった。それから間もなく、少女の左手が五本の指をつけたまま、手首からボロっともげ落ちた。

悲嘆の底で両親は手術を決意する。少女は両腕を肘《ひじ》の関節から、両足を膝《ひざ》の関節から切り落とされた。少女は達磨《だるま》娘と言われるようになった。

少女七歳の時に父が死亡。そして九歳になった頃、それまで少女を舐《な》めるように可愛《かわい》がっていた母が一変する。猛烈な訓練を始めるのだ。
手足のない少女に着物を与え、「ほどいてみよ」「鋏《はさみ》の使い方を考えよ」「針に糸を通してみよ」。できないとご飯を食べさせてもらえない。

少女は必死だった。小刀を口にくわえて鉛筆を削る。口で字を書く。歯と唇を動かし肘から先がない腕に挟《はさ》んだ針に糸を通す。その糸を舌でクルッと回し玉結びにする。文字通りの血が滲《にじ》む努力。それができるようになったのは十二歳の終わり頃だった。

ある時、近所の幼友達に人形の着物を縫《ぬ》ってやった。その着物は唾《つば》でベトベトだった。それでも幼友達は大喜びだったが、その母親は「汚い」と川に放り捨てた。

それを聞いた少女は、「いつかは濡れていない着物を縫ってみせる」と奮い立った。少女が濡れていない単衣《ひとえぎぬ》一枚を仕立て上げたのは、十五歳の時だった。

この一念が、その後の少女の人生を拓く基になったのである。

その人の名は中村久子。後年、彼女はこう述べている。

「両手両足を切り落とされたこの体こそが、人間としてどう生きるかを教えてくれた最高最大の先生であった」

そしてこう断言する。

「人生に絶望なし。いかなる人生にも決して絶望はない」

折《おり》しも弊社から『日本の偉人100人』（上下）が出版された。登場する百人はいずれも、一念、道を拓いてきた人たちである。

第四章

考え方　生き方

大人の幸福論

我われは遠くから来た。そして遠くまで行くのだ——若年期に出合ったこの言葉をいまも時折思い出し、口ずさむことがある。誰の言葉かは知らない。

ゴーギャンの絵に「我われはどこから来たのか。我われは何者か。我われはどこへ行くのか」と題された作品があるが、これに由来してつくられた言葉なのかもしれない。

人類の始まりは百三十七億年前のビッグバンにさかのぼる。素粒子や中性子が飛び交い、天も地もない雲霧朦朧《うんむもうろう》たる時期が何十億年も続く。

やがて大気が冷え、物質のもととなる原子が生まれ、四十六億年前に地球が誕生した。その地球だけに、なぜかは分からないが水が生成し、その中に単細胞生命が生まれる。三十八億年前のことである。

単細胞生命は十数億年を経て雌雄《しゆう》に分かれる。雌から雄が分かれ出たのだ。生命の革命である。

ここから地球上の生命は曼陀羅《まんだら》のように多種多様な軌跡《きせき》を描いて

発展していく。人間もまた、その果てしない創造進化の中から誕生した。実に私たちは遠くから来たのだ。

太古から今日《こんにち》まで、生命は一貫して二つの原理によって存在している、という。一つは代謝であり、もう一つはコミュニケーションである。代謝によってエネルギーをつくる。コミュニケーションによって新しい生命を生み出す。この二つの原理によらなければ、あらゆる生命は存在し得ない。

この生命を生命たらしめている二つの原理は、人間の幸福の原理と対をなすように思われる。

即ち、あらゆる面で代謝（出と入）をよくすること。そして物を含めた他者とのコミュニケーションをよくすること。そこに人間の幸福感は生まれるのだ。

聖賢の教えは、極論すれば、この二つを円滑にするための心得を説いたもの、とも言える。

脳の専門医、林成之《はやしなりゆき》氏は、どんな人の脳も三つの本能を持っている、という。

一は「生きたい」

二は「知りたい」
三は「仲間になりたい」

という本能である。

この脳の本能から導き出せる「脳が求める生き方」は一つである。

「世の中に貢献しつつ安定して生きたい」

ということである。脳の本能を満たして具現するこの生き方は、そのまま人が幸福に生きる道と重なり合う。そこに大いなる宇宙意志をみる思いがする。

遠くから来た私たちは、宇宙意志のもとに、幸福を求めて遠くまで歩み続けているのかもしれない。

最後に、四十年ハガキ道を伝道してきた坂田道信《さかたみちのぶ》さんの言葉を紹介する。

「どんな人と一緒になっても、どんなことに出くわしてもつぶされない人格をつくり、幸せに楽しくいられるような人になりたい」

大人の幸福論を説いて、これ以上の言葉はない。

不易流行

不易《ふえき》とは、変わらないということである。万古《ばんこ》不易、千歳《せんざい》不易ともいう。時代がいくら変わっても不変なものがある。また変えてはならないものがある、ということである。

流行《りゅうこう》とは、時とともに移り変わっていくもの、また変えていかなければならないもののことである。

俳人芭蕉《ばしょう》は奥の細道の旅でこの言葉を体得、発句《ほっく》の理念とした。

『去来抄《きょらいしょう》』の中でこう言っている。

「不易を知らざれば基立《たち》がたく、流行を辨《わきま》へざれば風あらたならず」

不変の真理を知らなければ基礎が確立せず、時代の流れを知らなければ溌剌《はつらつ》とした句は作れない、ということである。

俳句に限らない。不易流行は人生の原理である。

世の中は不易流行のバランスの上に成り立つ。変えるものと変えてはならないものをどう見極めるか、そこにあらゆる生命の盛衰《せいすい》がかかっている。

以前、こういう話を聞いた。ある人が地方都市に旅行し、市役所の人に古くからある神社を案内してもらった。その神社は五十年前に修復を行い、百の会社が協賛、寄付をしてくれた。

さて、五十年経ったいま、そのうち何社が残っていると思われますか、と市役所の人に質問された。読者の皆さんはどう答えられるだろう。残ったのは、たった一社である。それも業態を変えて、残ったのである。

では、百年後に生き残れるのはどれくらいか。千社のうち二、三社が定説である。生存率〇・二、三パーセント。企業という生命体を維持発展させていくことがいかに難しいかをこの数字は示している。

その中で何百年にもわたって存続発展しているところがある。『致知』にご登場いただいた裏千家、虎屋はともに五百年近くの伝統を有している。ちなみに日本には二百年以上続いている会社が三千社ある。韓国はゼロ、中国は九社だという。

何百年も続く老舗《しにせ》を観察すると、共通のものがあるように思える。

一つは創業の理念を大事にしていること。その時代その時代のトップが常に創業の理念に命を吹き込み、その理念を核に時代の変化を先取りしている。

二つは情熱である。永続企業は社長から社員の末端までが目標に向け、情熱を共有している。

三つは謙虚。慢心《まんしん》、傲慢《ごうまん》こそ企業発展の妨《さまた》げになることを熟知し、きつく戒めている。

四つは誠実。誠のない企業が発展した験《ためし》はない。

いずれも不易の基をなすものである。その不易を遵守《じゅんしゅ》していくところに生命の維持発展がある。

ローマは質実剛健の風や信仰心、勇気、礼節、婦徳《ふとく》といったローマをローマたらしめているものを守ろうとする意識が薄れて滅びたという。日本はどうか。日本を日本たらしめている不易を守ろうとしているだろうか。

最後に人を人たらしめる不易を紹介する。幕末の志士、真木和泉《まきいずみ》の言葉である。

「人と生《うま》れては、高きも賤《いや》しきも、せねばならぬものは學問なり。學問せねば、わが身に生れつきたる善あることもえしらず、まして他の人の徳あるもなきも辨《わきま》へず。（中略）いたづらに五穀《ごこく》を食ひて、前向きてあゆむばかりのわざにては、犬猫といはんも同じことなり」

修身

『安岡正篤活学一日一言』を刊行した。七年前に出版した『安岡正篤一日一言』の続篇である。前書同様、本書もまた人間と人生を説いて示唆に富み、懦夫《だふ》を奮い立たせる言葉に溢れている。

その安岡師がこう言っている。

「幕末佐賀の名君鍋島閑叟《なべしまかんそう》の師・古賀穀堂《こがこくどう》の自警に〝自分は開闢《かいびゃく》

以来の第一人になる〟の語がある。大変な天狗《てんぐ》と思われるかも知れません。然《しか》し違うのです。それは第一人を〝だい〟一人と読むからです。第は〝ただ〟と読むのです」（『安岡正篤一日一言』）

宇宙開闢以来の第《ただ》一人の自分である、粗末《そまつ》に生きてはならぬ、と穀堂は自戒したのだろう。穀堂のみではない。私たちもまた開闢以来の第一人の人生を生きている。

第一人の人生を生きるとは、自分の人生に責任を持つことである。言い換えれば、人は皆、自分の人生のリーダーとして生きなければならない、ということである。

古来、リーダーたる者には必須の条件がある。「修身」である。気まぐれ、わがまま、むらっ気を取り去り、自分という人間を少しでも立派に磨いていく。これが「修身」である。

経世の書『呂氏春秋《りょししゅんじゅう》』にこういう話がある。

殷《いん》の国を開いた湯王《とうおう》という王がいた。湯王は名宰相の伊尹《いいん》に、天下を取ろうと思うがどうすればよいか、と問う。

伊尹が答えて言う。天下を取ろうなどという欲望に走ったら、決して天下は取れない。それどころか自分の身が先に取られてしまう。昔から聖王といわれるような人は、まず自分の身を創り上げてから天下を得た。天下を治めようとする者は、天下を取ろうなどという考えはさて措《お》いて、まず自分を修めなければならない。

湯王は伊尹の諭《さと》しを実践した。

上に立つ者の必読書とされる『大学《だいがく》』が最も重んじるのも「修身」である。身を修めていない小人《しょうじん》が上に立つと災害が並び至る、とも指摘している。

その修身の土台となるのが格物《かくぶつ》・致知《ちち》・誠意《せいい》・正心《せいしん》である。自分の立つ立場に真剣誠実に全力を尽くす。それが修身の根本と『大学』は教えている。

「修身」の度合いを心理学的に考察した人に薄衣佐吉《うすぎさきち》氏（故人）がいる。氏は心は発達するものであり、七つの段階があるという。

第一は自己中心の心。赤ちゃんがそれである。自分の欲求だけに生きている。

第二は自立準備性の心。幼稚園児の頃である。用事を手伝ったりする。

第三は自立力の段階。成人を迎え自立する。

第四は開発力の時代。困難に立ち向かい、開発改善していく力を持つ。年齢的には三十～四十代か。

第五は指導力。四十～五十代になり部下を指導していく。

第六は包容力。好き嫌いを超えて人を包容していく。
そして第七は感化力。その人がいることで自ずと感化を与える。
最高の状態と言えよう。人間、晩年にはかくありたいものだ。

ここで留意したいのは、人は歳月とともに身体的年齢は増えるが、心の発達は必ずしも歳月に比例しないということである。薄衣氏によれば、年は取っても七十五パーセントの人が二段階の状態で終わり、三段階までいくのは十五パーセント、四段階以上に至るのは十パーセントという。修身の厳しさを思わずにはいられない。

開闢以来の第一人として自らの心を高めていきたいものである。

生き方

佐藤一斎は、その著書『言志録《げんしろく》』でこう述べている。

人は須《すべか》らく自ら省察《せいさつ》すべし。
「天は何の故に我が身を生み出し、
我をして果たして何の用に供《きょう》せしむる。
我すでに天物《てんぶつ》なれば、必ず天役《てんえき》あり。
天役共《きょう》せずんば、天の咎《とが》必ず至らん」と。

省察して此《ここ》に到れば、則《すなわ》ち我が身の苟生《こうせい》すべからざるを知る。

（人は真剣に考える必要がある。「天はなぜ自分をこの世に生み出し、何の用をさせようとするのか。自分はすでに天の生じたものであるから、必ず天から命じられた役目がある。その役目をつつしんで果たさなければ、必ず天罰《てんばつ》を受けるだろう」と。このように省察すると、うかうかと生きるべきではないことが分かる）

では、天役を知るにはどうするか。

『致知』にご登場いただいた人たちの姿に思いを馳《は》せると、三つの資質が浮かび上がってくる。

一つは、与えられた環境の中で不平不満を言わず、最善の努力をしている、ということだ。一道を拓いた人たちに共通した第一の資質である。

住友生命の社長・会長を務められた新井正明《あらいまさあき》氏はその典型だろう。兵役にあった氏はノモンハン事変に参戦して被弾、右脚を付け根から切断した。二十六歳だった。帰還した氏を会社はあたたかく迎えてくれたが、若くして隻脚《せっきゃく》の身となった苦悩は限りなく深かった。

その最中《さなか》、新井氏は安岡正篤師の『経世瑣言《けいせいさげん》』で一つの言葉――

「いかに忘れるか、何を忘れるかの修養は非常に好ましいものだ」

に出合い、翻然《ほんぜん》とする。

「自分の身体はもう元には戻らない。ならば過去のどうにもならないことを悩むより、現在自分が置かれているところから将来に向かって人生を切り拓いていこう」

この瞬間から新井氏は真の人生を歩み始めた。

二つは、「他責」の人ではなく「自責」の人、であることである。

幸田露伴が『努力論』の中でこう指摘している。

大きな成功を遂げた人は失敗を自分のせいにし、失敗者は失敗を人や運命のせいにする、その態度の差は人生の大きな差となって現れてくる、と。古今東西、不変の鉄則である。

三つは、燃える情熱を持っていること。

当時八十六歳だった明治の実業人浅野総一郎氏が五十代だった新潮の創業者佐藤義亮《さとうぎりょう》氏に語った言葉が滋味《じみ》深い。心耳《しんじ》を澄ませたい。

「大抵の人は正月になると、また一つ年を取ってしまったと恐がるが、私は年なんか忘れている。そんなことを問題にするから早く年がよって老いぼれてしまう。世の中は一生勉強してゆく教場《きょうじょう》であって、毎年毎年、一階ずつ進んでゆくのだ。年を取るのは勉強の功を積むことに外ならない。毎日毎日が真剣勝負。真剣勝負の心構えでいる人にして初めて、毎日のように新しいことを教えてもらえる。私にとって、この人生学の教場を卒業するのはまず百歳と腹に決めている。昔から男の盛りは真っ八十という。あなたは五十代だそうだが、五十など青年。大いにおやりになるんですな」

三本の柱が立って物は安定する。人生を安定させる三つの柱を忘れぬ生き方を心掛けたい。

人間いつかは終わりがくる
前進しながら終わるのだ
秋山巖

第五章

人たるの道

渾身満力

渾身満力《こんしんまんりき》――画家中川一政《なかがわかずまさ》氏の愛した言葉である。

「渾」は「すべて」の意。即ち、全身全霊をかけることが渾身満力である。中川氏の生き方の根底を貫いていた言葉と思われる。

中川氏には『致知』にも登場願ったことがある。中川氏、八十九歳の時である。その折の言葉が忘れられない。一休禅師はその書も含めて「あとくちがいい」という表現で評価され、こう付け加えられた。

「エネルギーが強いからあとくちがよくなる。弱いと悪くなる」

自らの一道に渾身満力で打ち込んできた人でなくては発し得ない言葉であろう。

ジャンルを問わない。渾身満力は自らの一道を極めんとする人に欠かせない資質である。

そういう人たちの根底にあるのは天である。人を相手にするのではなく、天と相撲《すもう》を取る。古哲の言葉を辿《たど》ると、名人たちは等しくその姿勢を人生の根底に置いていたことが分かる。渾身満力の力もそこから生まれてくる。

小社刊『運命を高めて生きる』という本がある。渡部昇一氏が新渡戸稲造《にとべいなぞう》の『修養』を紐解《ひもと》いたものである。その中で新渡戸が磯間良甫《いそまりょうすけ》という人の言葉を紹介している。

「賞なしとも怠《おこた》らざるは上を敬い仕うるの礼なり。これは人にのみ仕うるにあらず。我が天道に仕うる冥理《めいり》と心得、なるたけの実意を尽くすは信を守るの至りなるべし」

報奨金が出なくても仕事に精いっぱい尽力することは天に仕える道であり、そこに絶対の信頼も生まれる、というのである。これは一個人の感懐《かんかい》ではない。明治という時代に生を得た人の多くはこういう価値観のもとに生きていたように思われる。

天保十（一八三九）年に生まれ、一代で森村グループを創業した森村市左衛門（六十三頁参照）は、明治四十年、六十八歳の時にある雑誌に要旨《ようし》次のような談話を発表している。

「人は正直に全心全力を尽くして、一生懸命に働いて、天に貸してさえおけば、天は正直で決して勘定違いはありません。人ばかりを当てにして、人から礼を言われようとか、褒められようとか、そんなケチな考えで仕事をしているようでは、決して大きなものにはなりません。

労働は神聖なもので、決して無駄になったり骨折り損になどならない。正直な労働は枯れもせず腐りもせず、ちゃんと天が預かってくれる。どしどし働いて、できるだけ多く天に預けておく者ほど大きな収穫が得られる。私は初めからこういう考えで、ただ何がなしに天に貸すのだ、天に預けるのだと思い、今日まで働いてきたが、天はいかにも正直。三十年貸し続けたのが、今日現にどんどん返ってくるようになりました」

現代は「損得」を基準に生きている人が多いが、昔の人は「尊徳」を基準に生きていたことを、二人の先人の言葉は証《あか》している。

なんの資源もない国が今日の繁栄を得たことと先人たちが示した生き方とは、無縁ではない。私たちも天に徳を積むべく渾身満力の生き方を心掛けたいものである。それが自己を生かす道であるだけでなく、人を生かす道にもなる。

知好楽

パナソニックの社名が松下電器だった時期、山下俊彦《やましたとしひこ》という社長がいた。昭和五十二年、先輩二十四人を飛び越えて社長になり、話題となった人である。『致知』にも親しくご登場いただいたが、率直、明晰《めいせき》なお人柄だった。

この山下さんが色紙を頼まれると、好んで書かれたのが「知好《ちこう》楽《らく》」である。何の説明もなしに渡されると、依頼した方はその意味を取りかねたという。この出典は『論語』である。

子曰《いわ》く、これを知る者は、これを好む者に如《し》かず。これを好む者は、これを楽しむ者に如かず。

（これを知っているだけの者は、これを愛好する者におよばない。これを愛好する者は、これを真に楽しむ者にはおよばない）

極めてシンプルな人生の真理である。仕事でも人生でも、それを楽しむ境地に至って初めて真の妙味《みょうみ》が出てくる、ということだろう。

稲盛和夫氏。京セラの創業者であり、経営破綻《はたん》に陥った日本航空を僅《わず》か二年八か月で再上場に導いた名経営者である。

この稲盛氏が新卒で入社した会社はスト続きで給料は遅配《ちはい》。嫌気がさした稲盛氏は自衛隊に転職しようとするが、実兄の反対を受け、そのまま会社に止《とど》まった。鬱々《うつうつ》とした日が続いた。会社から寮への帰り道、「故郷《ふるさと》」を歌うと思わず涙がこぼれたという。

こぼれた涙を拭《ぬぐ》って、こんな生活をしていても仕方がない、と稲盛氏は思った。自分は素晴らしい会社に勤めているのだ、素晴らしい仕事をしているのだ、と思うことにした。無理矢理そう思い込み、仕事に励んだ。

すると不思議なもので、あれほど嫌だった会社が好きになり、仕事が面白くなってきたのだ。通勤の時間が惜しくなり、布団や鍋釜《なべかま》を工場に持ち込み、寝泊まりして仕事に打ち込むようになる。仕事が楽しくてならなくなったのだ。そのうちに一つの部署のリーダーを任され、赤字続きの会社で唯一黒字を出す部門にまで成長させた。

稲盛氏は言う。

「会社を好きになったこと、仕事を好きになったこと、そのことによって今日の私がある」

知好楽の人生に及ぼす影響がいかに大きいかを示す範例《はんれい》である。

ここでいう「楽」は、趣味や娯楽に興じる楽しさとは趣《おもむき》を異《こと》にする。その違いを明確にするために、先哲の多くは「真楽」という言い方をする。

何事であれ対象と一体になった時に生命の深奥《しんおう》から湧き上がってくる楽しみが「真楽」である。物事に無我夢中、真剣に打ち込んでいる、まさにその時に味わう楽しさが真楽なのである。

人生の醍醐味《だいごみ》とは、この真楽を味わうことに他ならない。

松下幸之助氏の言葉がある。

「人間は自らの一念が後退する時、前に立ちはだかる障害がもの凄《すご》く大きく見える。それは動かすことができない現実だと思う。そう思うところに敗北の要因がある」

こうも言う。

「困難に直面すると却《かえ》って心が躍《おど》り、敢然《かんぜん》と戦いを挑んでこれを打破していく。そんな人間でありたい」

困難に直面して一念が後退することなく、むしろ心が躍るというのは、その困難と一体になることである。一体となって困難を乗り越える。そこに言い尽くせない人生の深い楽しみがある。

そういう楽しみを味わえる人になりたいものである。

歩歩是道場

歩歩是道場《ほほこれどうじょう》、という言葉がある。禅の言葉である。日常の一挙手一投足、そのすべてが自己を鍛える道場だ、という意味である。

「歩歩とはいま、ここのこと」

百歳の禅僧松原泰道《まつばらたいどう》師（故人）にそう教わった。道場は静謐《せいひつ》な山中にだけあるのではない。いま、自分が置かれている立場、状況は、そのまま自己を磨く道場である。いつであれ、どんな所であれ、心がけ次第で自分を高める修行の場になる。また、そういう生き方をしなければならない――泰道師の声はいまも耳の奥に響いている。

歴史に鮮やかな軌跡を残した人は、一様に歩歩是道場を体現した人である。例えば、西郷隆盛である。

西郷は島津久光《しまづひさみつ》の逆鱗《げきりん》に触れ、三十六歳で徳之島へ、さらに沖永良部島《おきのえらぶじま》に遠島となる。沖永良部島は鹿児島から五百三十六キロ。四十年前はフェリーで二十数時間を要した。いまでも十七、八時間はかかる。西郷の時代はその距離を船頭《せんどう》が人力で漕《こ》いでいったのである。

当時、この島に流されるのは死刑に次ぐ重刑だった。西郷はその島で戸も壁もない獣の檻《おり》のような吹きさらしの獄舎《ごくしゃ》に幽閉《ゆうへい》された。同時に一族郎党を含め、西郷家の財産はすべて没収されていた。

常人なら絶望に打ちひしがれて不思議はない。この状況の中で西郷は八百冊の本を詰めた行李《こうり》三つを獄舎に持ち込み、猛烈な勉強を始めるのである。西郷が友人の桂右衛門《かつらうえもん》に送った手紙がある。

「徳之島より当島（沖永良部島）へ引き移り候処《そうろうところ》、直様《すぐさま》牢中に召し入れられ却《かえ》つて身の為には有難く、余念なく一筋に志操《しそう》を研《みが》き候事にて、（中略）益々《ますます》志は堅固に突き立て申す事にて、御一笑《ごいっしょう》成し下さるべく候」

歩歩を道場とした大西郷の面目躍如《めんもくやくじょ》である。西郷は遠島流罪《るざい》という悲運の場を、徹底した自己研鑽《けんさん》に励むことで最高の修養の場と化したのだ。

曹洞宗を開いた道元もまた、歩歩是道場を貫いた人である。一つの言葉がある。

「設《たと》ひ発病して死すべくとも、猶只是《なおただこ》れを修すべし。病ひ無ふして修せず、此《こ》の身をいたはり用ひて何の用ぞ。病ひして死せば本意なり」

たとえ病気になって死のうと、仏道修行をやり抜くべきである。まして病気でもないのに修行もせず、自分自身の体をいたわり、その体を何の用に役立てようというのか。仏道修行を続ける中で病気になって死んでも、それはそれで本望ではないか、と道元は言う。

事実、道元はこの言葉のように人生を生きた。

道元は死の床で『法華経《ほけきょう》』の「如来神力品《にょらいじんりきほん》」の言葉を柱に書き、その言葉を唱えながら亡くなったという。その言葉とは、

「是の処は即ち是れ道場」

いまわの際《きわ》にあるこの場所も、自分を高めていく道場なのだ、というのである。道に徹した人の死を賭《と》した究極の教えである。

このほど『致知』創刊三十五周年を記念して、『新緝《しんしゅう》森信三全集』（全八巻）が出版されるが、国民教育の師父と仰がれた森信三先生の言葉を最後に紹介して稿を擱《お》きたい。

「休息は睡眠以外には不要――という人間に成ること。すべてはそこから始まるのです」

歩歩是道場の人生を歩まれた人ならではの言葉である。

その生を楽しみ その寿を保つ

楽其生　保其寿。中国の古典『忠経《ちゅうきょう》』にある六文字である。

その生を楽しみその寿を保つ――『致知』にゆかりの深い新井正明氏はこの言葉を好まれ、よく口にされた。その生を楽しむとは自分の生業《なりわい》を楽しむということ。仕事を楽しむことができれば、自ずとその寿を保って長生きができる。新井氏は言葉の意味をそう説明されていた。

事実、氏はこの言葉通りの人生を生きられた。二十六歳の時、ノモンハン事変で負傷、右脚切断、隻脚の身となられた。「人より遅く来て早く帰ってよろしい」という上司の言葉を有難く受け止めながらも、人より早く出社し、人よりも遅くまで働き、社長、会長としてすぐれたリーダーシップを発揮、社を業界上位に躍進させ、九十二歳までその寿を保たれた。

その新井氏が生涯の心訓とされたのが安岡正篤師の「健康の三原則」である。

曰く、

一、心中常に喜神《きしん》を含む
　——どんなことにあっても心の奥深いところにいつも喜ぶ心を持つ
二、心中絶えず感謝の念を含む
三、常に陰徳を志す

「その生を楽しみその寿を保つ」ために忘れてはならない三原則といえよう。

この六文字について、新井氏には思い出がある。

氏が静岡支社長の時期、安岡師に二人の弟子がいた。

一人は農業をしている人。日本は敗戦で混乱状態になったが、こういう時だからこそ安岡師の教えを広めなければと、自分も学び、人にも熱心に説いて回った。

もう一人は金物屋さん。師の教えを学ぶことは熱心だが、人に説くようなことはせず、一所懸命家業に打ち込んでいた。これに対し、「商売ばかりやっていて、けしからん」と農業の人は腹を立てた。人に師の教えを説くべきだ、というわけである。

安岡師は言った。

「金物屋さんはやはり金物屋さんとして立派に商売をやらなければならない。だから、金物屋の主人として一所懸命やるのは正しいことだ。その上で道を求めるということが大切だ」

活学を説き続けた人の明快な言である。

『致知』は今年九月一日発行の十月号で創刊満三十五周年になるが、思えば、『致知』に深いご縁をいただいた方たちは皆一様に、この六文字を堪能《たんのう》した人生を生きられた人たちであることに思い至る。

森信三先生、九十七歳。
平澤興先生、九十歳。
坂村真民先生、九十六歳。
安岡正篤先生、八十六歳。
それぞれの一道に徹し、その一道を楽しまれた方たちである。

古人のあとを求めず古人の求めたるところを求める――松尾芭蕉の愛した南山大師の言葉である。私たちもまた先人の求めたるところを求めて人生を生きたいものである。

ドイツの大文豪ゲーテもまた、人生を楽しみ、八十二歳の寿を保った人である。そのゲーテが「処世のおきて」と題し、「気持ちのよい生活を作ろうと思うなら」という前置きをつけて遺した言葉を記す。

済んだことをくよくよせぬこと
滅多なことに腹を立てぬこと
いつも現在を楽しむこと
とりわけ人を憎まぬこと
未来を神にまかせること

洋の東西を超えて、人生の達人の言葉はシンプルで、深い。

＊『忠経』は唐代に『孝経』に擬して作られたもので、『孝経』と同じく十八章からなる。中国は易姓革命の国で、王がよく代わることから、『孝経』ほどは重んじられなかった。

心の持ち方

常岡一郎、と聞いても知る人は多くないだろう。明治三十二（一八九九）年、福岡県生まれ。少年期から頭脳明晰《めいせき》、正義感が強く、慶應義塾大学予科一年の時には島崎藤村《しまざきとうそん》らを招いて講演会を開催、自らその前座を務めるといった才気煥発《かんぱつ》な青春時代を送った。議論をすればたちまち相手を論破。カミソリと渾名《あだな》されたという。

この人の人生に暗雲が立ちこめたのは大学卒業目前。肺結核《けっかく》で倒れたのである。一転して病床《びょうしょう》に伏す身となり、近寄ってくる者はいなくなり、孤独を嘆《なげ》く日々を過ごすことになった。

そんなある日、一人の見舞客が訪れ、常岡に言った。

「比叡《ひえい》山も高野《こうや》山ももとは誰も住まない田舎だった。そこに徳の高い人が住み、人々が集う所となった。あなたは人々が群れる東京という都会に住んでいるが、周りに誰も寄ってこない田舎だ。そんな人間でどうする。徳を積んで病気と縁を切りなさい」

このひと言に常岡は奮起、大学を中退し修養生活に身を投じる決心をした。柳行李《やなぎごうり》にトイレの掃除道具を入れ、各地を回って奉仕作業を始めたのである。

常岡は言う。

「闘病十五年、五千日。病を見つめながら自らを練った。病を治すことをやめ、病で自分の性格を直すことに全心全力を尽くし、九死に一生の中から心魂《しんこん》を練ってきた」

ついに病を克服した常岡は昭和十（一九三五）年、修養団体・中心社を立ち上げ、月刊誌『中心』を発行、講演に人生相談に全国を行脚《あんぎゃ》、九十歳まで人としての道を説き続けた。

すべてを人のために使い切り、出し切った人生だった。

この常岡氏の著作から三百六十六語を選び、このほど『常岡一郎一日一言』を出版した。人を深い内省に導かずにはおかない言葉に溢れているが、その編集作業を通じて気づいたことがある。氏が一貫して言っているのは、人生は心の持ち方が大事であり、心の持ち方によって人生は決まる、ということである。どんな運命に出会っても一人ひとりが心を鍛え、磨き、幸福な人生を送って欲しい――この語録集からは氏のそんな祈りが聞こえてくるようである。

以下、紙幅の許す限り氏の言葉を紹介する。

▼自分一人の尊さを知る。今日一日、今一刻の有り難さを知る。これを離れて人生はない。大切にせねばならぬのは今日一日の生き方

である。自分一人のみがき方である。大きい理想、高い希望も大切である。しかし、それは今日、今、自分自身からのみ生まれて来る。

▼仕事は辛い。しかしこれもつとめだ。こう思って働く人は疲れやすい。辛いが辛抱《しんぼう》する人もある。辛抱は暗い心の姿である。いつかは限度が来る。明るくひらける道は、仕事をたのしむことである。働くことが好きな心。これには暗さがわかない。働くほど自信が出来る。よろこびもわく。なんでも勇んで取り組む構え。常に明るく働く心構え。これが一番たのしい生き方になる。

▼心の花。これは心の開いた姿である。悲しみは心を閉ざす。病み

わずらい、怨《うら》み、のろい。これは暗い心、開けない心である。

いままでうらみのろっていた心も、なるほどそうかとうなずけば明るく晴れる。心が開ける。うなずく心、陽気な心、感謝の心、感激の心、これが心の花の開いた姿である。

人生に絶望なし
いかなる人生にも絶望はない
秋山巌

あとがき

『致知』は今年の十月号（九月一日発行）で創刊三十五周年になります。随分と遠い道のりを歩んできたわけですが、振り返れば一瞬のようにも思えます。

十年を小変、二十年を中変、三十年を大変という――と伊與田覺先生に教わりましたが、三十年前といまでは、確かに人も世も大きく変わりました。常に動き、移ろっていく。それが時代というものなのでしょう。

「人生は正味三十年」――森信三先生は『修身教授録』の中でそう言っておられます。まさに人生の正味を『致知』と共に生きてきて、私の胸に湧き上がってくる感慨が二つあります。

一つは『日本書紀』に出てくる話です。

国づくりの大事業が進んで、形が整ってきました。大国主命《おおくにぬしのみこと》が一心同体の協力者、少彦名命《すくなびこなのみこと》に言います。

「われらが造れる国、あに善く成れりといえらむか」

二人で心を合わせ、一所懸命に国造りに励んできたが、ようやく理想の国造りに近づいてきたな、というわけです。

これに少彦名命が答えます。

「或《あるい》は成れるところあり。或は成らざるところあり」

どんな仕事でも一つの目標を達成すると、同時に成らざることがそこに始まる、というのです。

三十五年、『致知』の一道を歩んできた私の心に、この話は深く響いてくるものがあります。

『致知』も三十五年がたち、創刊時に比べるとはるかに多くの読者の支持をいただく雑誌になりました。だが、それでいいのではない、ここからまた新たな「成らざること」が始まっている、という思いを深くするのです。その新たな「成らざること」に向け、さらに歩みを進めていかねば、と強く思います。

もう一つは、松下幸之助氏の言葉です。

「一生を通じて一つのことに打ち込み、そこに生きがいを求め続けることは、きわめて価値ある生き方である」

諸縁に恵まれ、こういう言葉が心にしみる歳月を過ごさせていただいている導きに、感謝合掌あるのみです。

本書は『致知』の特集総リードをまとめて編集したものです。これまでは『小さな人生論』（全五巻）として刊行してまいりましたが、今回より『小さな修養論』として出版することになりました。

修養は人間の要《かなめ》です。いま混迷する日本に修養の精神こそが最も必要であると思います。

日本人一人ひとりが修養の精神に目覚めるとき、またその精神を後から来る人たちにも伝えていくとき、日本はかつてのように旺盛《おうせい》な活力を必ず取り戻す、と信じています。

なお、本書の出版にあたり、身にあまるまえがきを寄せてくださった鈴木秀子先生、素晴らしい挿絵を描いてくださった秋山巖先生に心から御礼申し上げます。

平成二十五年　盛夏

藤尾　秀昭

第四章　考え方 生き方

大人の幸福論	致知2012年12月号
不易流行	致知2013年1月号
修　身	致知2013年2月号
生き方	致知2013年3月号

第五章　人たるの道

渾身満力	致知2013年4月号
知好楽	致知2013年5月号
歩歩是道場	致知2013年7月号
その生を楽しみ その寿を保つ	致知2013年8月号
心の持ち方	致知2013年9月号

○初出一覧

第一章　人間のめざすもの

一途一心	致知2012年2月号
生涯修業	致知2012年1月号
孔子の示した道（改題）	致知2011年12月号
常に前進	致知2012年3月号

第二章　長の条件

活力を創る	致知2005年6月号
順逆をこえる	致知2012年4月号
その位に素して行う	致知2012年5月号
復興への道	致知2012年6月号
将の資格	致知2012年7月号

第三章　心術の工夫

知命と立命	致知2012年8月号
本質を見抜く	致知2012年9月号
心を高める 運命を伸ばす	致知2012年10月号
一念、道を拓く	致知2012年11月号

是の処は即ち是れ道場

著者略歴

藤尾秀昭（ふじお・ひであき）
昭和53年の創刊以来、月刊誌『致知』の編集に携わる。54年に編集長に就任。平成4年に致知出版社代表取締役社長に就任。現在代表取締役社長兼編集長。
『致知』は「人間学」をテーマに一貫した編集方針を貫いてきた雑誌で、平成25年、創刊35年を迎えた。有名無名を問わず、「一隅を照らす人々」に照準をあてた編集は、オンリーワンの雑誌として注目を集めている。
主な著書に『現代の覚者たち』『小さな人生論1〜5』『小さな経営論』『心に響く小さな5つの物語Ⅰ〜Ⅱ』『心に響く言葉』『プロの条件』『安岡正篤 心に残る言葉』がある。

小さな修養論
——「致知」の言葉——

平成二十五年九月一日第一刷発行

著者　藤尾　秀昭
発行者　藤尾　秀昭
発行所　致知出版社
〒150-0001 東京都渋谷区神宮前四の二十四の九
TEL（〇三）三七九六—二一一一
印刷・製本　中央精版印刷
落丁・乱丁はお取替え致します。　（検印廃止）

ISBN978-4-8009-1007-3 C0095

ホームページ　http://www.chichi-book.com
Eメール　books@chichi.co.jp